DÉSIRÉ BRISSAUD

1822-1889

DÉSIRÉ BRISSAUD

1822-1889

PAR

M. B. BOUTET DE MONVEL

En acceptant la mission douloureuse, et pourtant douce à mon cœur, de retracer en quelques pages l'existence si bien remplie de mon cher Brissaud, j'ai voulu laisser à ses enfants et petits-enfants, et aussi à tous ceux qui l'ont aimé, l'image, aussi fidèle que j'ai pu la peindre, de l'homme tel que nous l'avons connu, et dont la vie se résumerait en deux mots : travail, dévouement.

Brissaud (Louis-Désiré) est né en 1822 à Paris, en plein quartier universitaire, rue Saint-Jacques, et une partie de sa première enfance s'est passée à l'institution que dirigeait son père et qui devint un peu plus tard l'institution Barbet. Il avait trois frères plus âgés que lui : Hippolyte, qui devait exercer pendant toute sa vie les fonctions de juge de paix à Villeneuve-sur-Yonne et à Sens; Eugène, qui au sortir de l'École polytechnique entra dans la marine de l'État, où il fit sa carrière; Alexandre, qui mourut à la fin de ses études scolaires. Brissaud reprochait plaisamment à ses parents de lui avoir donné, à lui quatrième garçon, le nom si peu justifié de Désiré.

Il fit ses premières études à la pension Boyenval, puis passa de là à l'institution Barbet, et enfin à l'institution de Reusse, rue de Vaugirard. C'est dans cette excellente maison qu'il fit toutes ses études classiques, suivant les cours du collège Saint-Louis. En rhétorique, il remportait au concours général un

prix d'histoire. Après sa philosophie, il fit
une seconde année de rhétorique à Louis le
Grand.

En 1842, il entrait à l'École normale, que
son père avait désignée comme but à son
ambition dès qu'il avait abordé les humanités.
Pendant les deux années que nous passâmes
ensemble à l'École, où je l'avais devancé
d'un an, lui dans la section des lettres, moi
dans celle des sciences, n'ayant par suite
aucune étude commune, nous fîmes connais-
sance sans pourtant nous lier intimement. Je
ne pourrais rien dire de son temps d'école.
Ses condisciples et amis, Boissier, Geffroy,
Al. Bertrand, Ouvré, Manuel, seraient mieux
à même que moi de rendre témoignage de
son ardeur au travail. Néanmoins il échoua
à son premier concours d'agrégation; mais,
à coup sûr, ses épreuves avaient dû laisser
une bonne impression dans l'esprit de ses
juges, puisqu'au lieu d'être exilé dans
quelque lointain collège, il fut envoyé en octobre 1845 au collège de Reims, où j'étais moi-

même, depuis un an, professeur de physique.

Dès lors, nos existences ont été étroitement associées, et ce lien, qui n'était encore fait que d'amitié, allait devenir bientôt lien de famille.

Nous n'eûmes guère que quelques mois de vie commune, car en avril 1846 j'étais appelé à Orléans, ma ville natale. Brissaud resta encore à Reims jusqu'en octobre 1847. Il y entreprit un travail sur le cardinal de Lorraine, qu'il ne devait point terminer. Il en communiqua sans doute des extraits à l'Académie de Reims; car je vois dans ses papiers qu'il fut nommé membre de cette société dans le courant de l'année 1847. C'était pour quelques mois seulement, puisque, en octobre de cette même année, il venait me rejoindre à Orléans.

Dès le premier jour, je le présentai à ma famille, et de ce moment il fut des nôtres. C'est à Orléans aussi que commença avec le ménage de Ch. Lebaigue cette vive et constante amitié qui l'a suivi jusqu'au dernier jour et qui a dicté les touchantes paroles prononcées sur sa tombe par cet excellent ami.

Cette année fut pour Brissaud une année de rude labeur : il lui fallait à tout prix conquérir le titre d'agrégé. Un succès brillant récompensa ses efforts : il fut reçu le premier à l'agrégation d'histoire, au concours de 1848, en dépit de toutes les agitations de cette année si troublée. Le 18 octobre, il entrait plus complètement encore dans notre cercle de famille, en épousant ma nièce, mademoiselle Féréol.

Sur sa demande instante, il avait obtenu de rester encore quelque temps à Orléans : nous le gardâmes deux ans.

Désireux d'étendre le cercle de ses connaissances, il profita de son voisinage de Paris pour prendre des inscriptions à la Faculté de droit, et commencer l'étude de cette science si nécessaire à un historien. Mais il ne put continuer ce travail assez longtemps pour conquérir ses grades; car, en 1850, il était nommé à la chaire d'histoire du lycée de Besançon. Là, il retrouva un de ses camarades d'école, Thurot, qu'il devait revoir plus tard à Paris maître de conférences à l'École normale et membre de l'Institut, Thurot, le savant helléniste, trop tôt enlevé à la science, et dont il devait consoler les derniers jours par son affectueuse sollicitude.

Le séjour de Besançon lui était resté particulièrement cher, bien qu'il n'y eût passé que deux ans : c'est là que sont nés ses trois enfants, deux filles jumelles, Eugénie et Louise, et un fils, qui est maintenant le docteur Edouard Brissaud, et dont les succès ont fait sa joie et son orgueil.

C'est dans ce beau pays de Franche-Comté que se développa chez Brissaud cette passion des petits voyages, des excursions rapides, pour explorer, en deux ou trois jours, quelque région de la France inconnue de lui, passion qu'il conserva jusqu'à la fin de sa vie et qui lui donna ses plus vives jouissances, quand il n'eut plus, comme nous autres professeurs, le repos des vacances. C'est là aussi que, dans ses relations avec le savant Alphonse Delacroix et son illustre ami Jules Quicherat, il prit le goût le plus vif pour l'archéologie, auxiliaire indispensable de la science historique.

En octobre 1852, il était nommé à la chaire d'histoire de Bordeaux, *sur l'initiative de l'Administration universitaire*. Peu de temps après, nos amis Lebaigue venaient l'y rejoindre après une année passée à Toulouse.

Brissaud resta cinq ans à Bordeaux; c'est le plus long séjour qu'il ait fait dans un lycée de province. Aussi y a-t-il laissé de solides amitiés, non seulement dans l'université, mais dans la société bordelaise, où il avait été accueilli avec la plus grande cordialité; et nombre de ces amitiés lui sont restées fidèles dans tout le reste de sa carrière.

En octobre 1857, il est appelé à Paris, d'abord au lycée Saint-Louis, mais pour quelques mois seulement, et, en avril 1858, au lycée Charlemagne, où j'étais professeur depuis 1853 et où Lebaigue nous rejoignait quelques années après. Là encore, c'est le proviseur, M. Nouzeilles, qui l'enlevait à Saint-Louis pour lui confier l'héritage de Toussenel.

Deux ans après, il recevait la récompense bien méritée de ses brillants succès comme professeur, et était nommé, après une inspection générale, et au bout de quinze années seulement d'enseignement, faveur bien rare alors, chevalier de la Légion d'honneur.

Dix ans s'écoulent paisiblement, marqués par de beaux succès de Brissaud au concours général. Que de témoignages je pourrais invoquer! Je n'aurais qu'à en appeler à nos jeunes camarades de l'École, élèves de Charlemagne: Blanchet, Lavisse, Dietz, Vidal-Lablache, Drapeyron, Lecène, Debidour, Darsy et bien d'autres! Tous pourraient dire, mieux que moi, ce qu'était son enseignement : sa parole nette et précise, non moins qu'élégante, l'enchaînement qu'il montrait entre les faits de l'histoire, l'appréciation juste des hommes, des institutions, des grands faits sociaux; et aussi son action puissante sur ses élèves, sur la direction de leurs esprits, le développement de leurs caractères; et cette action, elle s'exerçait, non pas seulement sur la tête de classe, mais sur la classe tout entière, par l'entraînement de son propre zèle, la chaleur de sa parole et aussi par ses conseils, ses encouragements affectueux.

En 1863 s'étaient ouverts nos cours de jeunes filles de la rue de Jouy, dont j'étais le directeur *autorisé*, madame Monvel la directrice réelle et, au dire de tous, incomparable.

Les débuts avaient été modestes; nos filles, celles de Brissaud et les miennes, et celles de quelques-uns de nos collègues, en avaient formé le premier noyau, graduellement grossi. Pendant vingt-deux ans, Brissaud, prenant le fardeau des cours d'histoire, de géographie même, pendant un temps, d'histoire littéraire, est resté le plus fidèle, le plus actif de nos collaborateurs dans une œuvre dont il pouvait se considérer, presque au même titre que nous, comme le fondateur.

Les trois ménages Brissaud, Lebaigue, Monvel, vivaient presque porte à porte, tout près du lycée, de l'excellent ami Broca, alors censeur, plus tard proviseur, quand M. Nouzeilles prit sa retraite. Le ménage de César Franck et celui du docteur Féréol, « oncle Félix », plus récemment installé dans la vie que les nôtres, s'associaient aussi à notre existence commune. Nos enfants formaient autour de nous une jeune phalange pleine d'entrain et de gaieté, inséparable dans les jeux comme dans le travail. On se réunissait le soir, le plus

souvent dans notre immense salon de la rue
de Jouy, qui pendant la journée servait de
salle de cours, pour jouer, danser, faire de la
musique, ou encore écouter une lecture de
Brissaud, qui lisait admirablement. Il avait
suivi jadis quelques leçons de Samson au Con-
servatoire, et on le sentait à la netteté et à la
justesse de son débit; la chaleur et la gaieté ne
lui avaient point été apprises : il les trouvait
en lui-même.

Presque chaque année, les vacances nous
ramenaient à Orléans, d'abord autour de la
grand'mère Monvel, puis de Féréol père,
mon beau-frère. Quels bons souvenirs nos
enfants ont gardés de ces vacances! Cette
vieille maison de la rue Bannier était une
arche, une hôtellerie de cocagne : grands-
parents, pères et mères, enfants, amis, tout le
monde y trouvait place et y était bienvenu;
et plus d'une fois les parents de Brissaud et
ses frères y vinrent accepter l'hospitalité de
Féréol pour prendre part à ces réunions et
les compléter. Féréol avait bien perdu quel-

que peu de sa gaieté d'autrefois, mais son gendre en avait pour deux.

C'est là que nous surprit, en septembre 1870, le désastre de Sedan; et la mort de Féréol père, qui le suivit à quelques heures de distance, acheva notre anéantissement. Quand nous voulûmes, peu de jours après, rentrer à Paris, les portes en étaient fermées. Madame Monvel était en traitement à Vichy : nous prîmes le parti de la rejoindre avec tous nos enfants et les deux jeunes filles du docteur Féréol.

Dès notre arrivée à Vichy, nous avions, Brissaud et moi, écrit à M. Jules Simon pour lui demander d'utiliser nos bonnes volontés dans un service quelconque. Brissaud reçut, vers la fin de novembre, une délégation pour aller occuper la chaire d'histoire à Orléans, reconquis, qu'on se flattait de garder. Arrivé à Bourges, il lui fallut revenir sur ses pas : Orléans était repris par les Prussiens. Il dut rester à Vichy jusqu'au milieu de mars. J'étais rentré à Paris le **21** février **1871**, rappelé par M. Nouzeilles, après avoir fait quelques leçons à la Faculté des sciences à Marseille, où M. Jules Simon m'avait envoyé au commencement de janvier. Brissaud ne pouvait abandonner deux mères de famille avec treize enfants, ni ramener trop tôt tout ce monde à Paris, encore si agité. On y revint seulement le 18 mars. C'était retomber dans de nouvelles angoisses, et elles ne nous furent pas épargnées dans ce malheureux quartier Saint-Antoine.

Les choses rentrées dans l'ordre, Brissaud resta encore près de deux années à Charlemagne. Dans le courant de **1873**, sur sa demande, le ministre de la guerre le nommait membre de la commission d'examens d'admission à Saint-Cyr, et plus tard, en **1881**, président de cette commission. Le 6 décembre **1882**, il était promu, dans la Légion d'honneur, au grade d'officier.

Dans cet intervalle de **1875** à **1882** se

placent d'importants événements de famille.
Brissaud marie ses deux filles le même jour :
l'une, Eugénie, à M. Alph. Delacroix, neveu
et filleul du vieil ami de Besançon, du défen-
seur d'Alèse de Franche-Comté dans la que-
relle scientifique sur l'emplacement de l'Alé-
sia de Jules César ; l'autre, Louise, au Dr H.
Chopy, de Nemours. Peu de temps après,
mon fils aîné épouse la fille de Lebaigue ; et
ma seconde fille, son cousin, le fils même de
Brissaud. Nos trois familles s'unissent ainsi
de plus en plus étroitement.

Obligé de renoncer à sa chaire de Charlemagne, mais possédé de la passion de l'enseignement, il trouva à la satisfaire dans les
établissements d'instruction privés, dans les
cours pour les jeunes filles. Depuis longtemps déjà il avait consacré à cet enseignement une partie de son activité : à Bordeaux,
dans des éducations particulières ; à Paris,
en 1863, comme je l'ai déjà dit, à nos cours
de la rue de Jouy ; aux cours de la Sorbonne,
ouverts en 1867, sous le ministère Duruy.

par l'Association pour l'enseignement secondaire des jeunes filles. Plus tard, à la fonda-
tion de la Société pour l'étude des questions
d'enseignement secondaire, sa compétence
reconnue le fit nommer président du groupe
de l'enseignement secondaire des jeunes
filles.

Dans ce milieu, si différent de celui de
nos lycées, son action se montra tout aussi
puissante, tout aussi féconde, sa parole tout
aussi animée, tout aussi chaleureuse qu'aux
premiers temps de sa carrière.

Une de ses plus grandes joies fut d'être
nommé, en 1882, maître de conférences de
géographie à l'École normale de Sèvres.

Ces jeunes filles laborieuses, pleines de
zèle, avides de sa parole, lui inspiraient le
plus vif intérêt. En dépit de la distance, par
les plus mauvais temps, il partait allègrement
pour Sèvres, où il savait trouver le plus sympathique des auditoires.

Il était pour ces jeunes filles l'objet d'une sorte de vénération presque filiale; et plus d'une vint plus tard chercher auprès de lui les conseils de son expérience, non seulement pour la direction de son enseignement, mais pour la conduite à tenir dans telle circonstance importante de sa vie : confiance qui le touchait aux larmes.

Combien d'ailleurs de ses anciens élèves des lycées de Paris, de Bordeaux, de Besançon, même d'Orléans, sont venus ainsi invoquer ses conseils amicaux! Et avec quelle joie il les accueillait et leur donnait confiance et courage, heureux de retrouver l'occasion d'exercer son influence sur leur cœur comme sur leur esprit!

Il était justement fier aussi de sa position d'examinateur d'admission à Saint-Cyr, de l'importance de sa mission et de la haute estime dont il jouissait, aussi bien d'ailleurs que la commission tout entière, au ministère de la guerre. Il savait à quel point on y appré-

ciait sa conscience et son zèle, et combien il
lui avait toujours été facile d'y mettre à néant
certaines accusations inspirées par le dépit
des insuccès. Malgré la fatigue de ces examens, il voyait toujours avec joie revenir
l'époque de la convocation de la commission.
Il se retrouvait avec bonheur au milieu de
ses collaborateurs, qui tous sont restés ses
amis. L'union la plus parfaite, la plus cor-
diale, n'a jamais cessé de régner entre tous
ces hommes, animés du même zèle, du même
patriotisme.

En conservant ses fonctions de professeur
en même temps que celles d'examinateur, il
se condamnait à un labeur sans relâche, sans
trêve. Plus de repos, plus de vacances. Quand
ses cours de Sèvres étaient terminés, arrivait,
au moment des grosses chaleurs de l'été, la
longue et fatigante série des examens de
Saint-Cyr, et surtout les cinq semaines d'in-
terrogations à Paris, sans un jour de relâche,
dès sept heures du matin, l'attention toujours
en éveil; et son rôle n'était pas un rôle muet :

on lui aurait reproché de trop parler. Avec sa bienveillance généreuse, il tendait la perche aux candidats, comme on dit familièrement, et cela à tous impartialement, avec la plus parfaite équité.

Les examens de province étaient, au moins comparativement, un repos pour lui. Il pouvait, entre deux sessions, entre Bordeaux et Marseille, ou entre Marseille et Lyon, faire quelques échappées et aller, dans ces petites fugues qui le ravissaient, visiter tel site, tel musée, tel monument qu'il ne connaissait point encore, ou surprendre par sa visite quelque ami trop longtemps oublié.

Il retrouvait à Lyon son ancien collègue, M. Charles, recteur de l'Académie; à Bordeaux, M. Ouvré, recteur, son ancien camarade d'école et ancien condisciple de M. Féréol au lycée d'Orléans; à Marseille, M. Bayan, ancien inspecteur de l'Académie d'Aix; à Épinal, M. Ohmer, ancien censeur du lycée Charlemagne; à Domme, dans la Dordogne, son vieux camarade Arbelot, ancien professeur à Bordeaux. Il avait une prédilection pour ce coin du Périgord où l'attirait encore une famille amie, la famille des Reclus, dont le nom n'est ignoré de personne. Mais c'étaient de bien courtes visites ; presque aussitôt il fallait repartir et reprendre le labeur quotidien.

Hélas ! à ces fatigues vraiment épuisantes vint s'ajouter la douleur inoubliable d'un coup terrible. En mars 1884, moins d'un an après la mort de ma chère femme, tante Louise, comme tout le monde l'appelait, que toute la science, tout le dévouement de nos docteurs Féréol et Édouard Brissaud n'avaient pu conserver à notre tendresse, Brissaud se voyait enlever, en huit jours à peine, l'une de ses filles, Eugénie Delacroix, avec ses deux enfants, par une diphtérie infectieuse, dont madame Brissaud faillit elle-même être aussi victime. Qui l'eût vu à ce moment l'eût jugé incapable de résister à un choc aussi affreux, tant il était écrasé, anéanti! Et pourtant il survécut près de six ans à cette horrible douleur, « et cela, disait-il, grâce au travail ». Mais il ne se releva qu'imparfaitement. Son organisme était profondément atteint, et dans ses dernières tournées, sa femme, ne voulant plus le laisser seul, l'accompagnait.

Le début de la dernière fut on ne peut plus inquiétant : à Nantes, une crise violente de palpitations et de suffocations faillit l'arrêter absolument et couper court à son voyage. Il put se traîner jusqu'à Bordeaux, et là, son fils qui l'attendait parvint à le remettre à peu près sur pied. Rien qu'en le revoyant, Brissaud se sentit sauvé et reprit courage et forces. Il acheva ses examens sans nouvel encombre. A son retour en octobre dernier, quelques jours d'absolu repos lui redonnèrent une apparence de santé. Il voulut reprendre ses cours de Sèvres, promettant de les abandonner à la première crise. Cette crise ne devait pas se faire attendre : elle ne devait pas non plus lui faire grâce.

Le mercredi 11 décembre, il était atteint d'influenza. Néanmoins, il allait le 12 et le 13 à Sèvres, mais pour la dernière fois. En rentrant le 13, il prenait le lit. Un mieux sensible lui permit, le 20, de préparer son départ pour Nemours. Il venait d'y acheter une petite maison près de sa fille, et avait hâte d'y faire son installation. Il voulait d'abord partir le dimanche 22, mais ayant reçu une convocation pour se rendre au ministère de la guerre le lundi 23, il s'y traîna en dépit de tous. En rentrant, il s'alita pour ne plus se relever, et, le mardi soir, il s'éteignait sans avoir eu un instant conscience de son état.

Tout entier à son enseignement, à ses élèves, à ses devoirs de professeur et plus tard d'examinateur, il laisse encore comme ouvrages dus à son travail personnel :

1° Une *Histoire de France*, destinée à la préparation de Saint-Cyr, et dont le succès ne fut arrêté que par l'obligation imposée à l'éditeur de la retirer de la vente au moment de la nomination de Brissaud à la commission de Saint-Cyr ;

2° Une *Histoire contemporaine* ;

3° Enfin, un ouvrage historique dont il avait recueilli les premiers matériaux aux archives de la mairie de Bordeaux. C'est avec les documents que lui avaient fournis le *Livre des Bouillons* et le *Registre des délibérations de la jurade* (qu'il avait pu consulter et dépouiller avant l'incendie de 1862) qu'il rédigea son ouvrage : *Les Anglais en Guyenne,* œuvre longtemps remaniée et qu'il publia seulement en 1875. Ce volume servit à son tour de document pour la réédition des ouvrages brûlés, et la ville de Bordeaux en envoya la collection à l'auteur des *Anglais en Guyenne,* en remerciement du service rendu par son livre.

Sans avoir reçu d'éducation artistique, Brissaud était pourtant éminemment sensible aux beautés de l'art. La musique, surtout celle des vieux maîtres, le touchait profondément. Il connaissait à fond nos musées de peinture, et aimait à revoir sans cesse les reproductions, par la photographie ou la gravure, des belles toiles qu'il avait vues et admirées dans les musées de Belgique, de Hollande, d'Allemagne et du nord de l'Italie, qu'il avait visités.

Parlerai-je de l'homme, maintenant? Mon affection pour lui, qui date de bien près de cinquante ans, me fera peut-être accuser de partialité. Sans parler de ses parents et de ses amis, tous ses camarades d'école, tous ses collègues dans cette longue étape universitaire, tous ses anciens élèves qu'il revoyait avec tant de joie, tous ceux même qui n'avaient affaire à lui qu'en passant, savent ce qu'il était : combien son abord était sympathique, sa nature aimable, obligeante et bonne, son accueil cordial, son cœur fidèle et sûr, son dévouement aux siens absolu. Non seulement il n'a point eu d'ennemis, mais je cherche vainement dans mes souvenirs le nom d'un seul de ses amis dont le cœur se soit jamais refroidi à son égard.

PAROLES

PRONONCÉES AU CIMETIÈRE

PAR M. LEBAIGUE

Celui que tant de regrets accompagnent à sa dernière demeure fut un maître d'élite. Les jeunes générations qui ont eu la bonne fortune de suivre ses leçons n'oublieront jamais ce que sa parole avait de brillant et de solide, d'entraînant et de fécond; il eut au plus haut degré le don de l'enseignement, comme il en eut la passion.

Ce fut aussi, ce fut surtout un travailleur infatigable. Il y a quinze jours, déjà exténué par la maladie, il se rendait à Sèvres pour y faire sa leçon, hélas! sa dernière leçon; il y a trois jours à peine, à la veille même de son agonie, il se traînait au ministère de la guerre comme président de la commission d'examen de Saint-Cyr. On peut dire qu'il a succombé à la peine, qu'il est mort debout et sur la brèche, martyr du devoir.

Cette existence si consciencieusement, si vaillamment employée au service de l'État, des voix plus autorisées la raconteront un jour pour la donner en exemple à quiconque accepte l'honneur et le fardeau d'une fonction publique.

Mais il est un hommage que je tiens à lui rendre aujourd'hui même, ici même, au nom de ses amis, de ses nombreux amis.

Son cœur, déjà si rempli par les affections de famille, par ces affections où il a trouvé les jouissances les plus douces et aussi les chagrins les plus poignants de sa vie, son

cœur resta toujours ouvert à d'autres sympa-
thies, moins étroites sans doute et moins
impérieuses, mais qui étaient encore un attrait
et un besoin pour sa nature foncièrement
aimante et expansive.

Nul ne se fit une plus haute idée de l'amitié, nul n'en pratiqua mieux les devoirs. Il
ne se résigna jamais, comme tant d'autres,
aux liaisons banales et passagères qu'im-
posent trop souvent les changements de
résidence; il rechercha au contraire, par-
tout où il passa, les attachements sérieux
et solides, ceux qui naissent de la confor-
mité des sentiments, de la réciprocité d'estime et de confiance, et, sans être découragé
par d'inévitables déceptions, il y demeura
fidèle jusqu'à son dernier jour. Sa joie et son
orgueil, c'était de réunir autour de lui ces
vieux amis de choix, et avec eux ses camarades de jeunesse, ses collègues de prédilection, et les plus dévoués de ses anciens élèves,
devenus, eux aussi, les familiers de sa maison.
Maison hospitalière entre toutes, vraie maison

du bon Dieu, comme nous disions quelquefois, dont un ménage adorablement uni s'entendait si bien à faire les honneurs, lui avec sa cordialité pleine d'effusion, elle, sa bien digne et bien-aimée compagne, avec une bonne grâce pleine de délicatesse. Tous conserveront le souvenir des heureux moments qu'ils ont passés dans cet intérieur aimable, accueillant, fraternel, et tous y reviendront encore pour parler de l'absent avec les désolés qui lui survivent.

Ils m'ont laissé le soin de lui adresser ici l'adieu suprême, et je les en remercie. Cet adieu a son amertume, mais il a aussi sa douceur, quand je songe à la sincère amitié qui nous a rapprochés pendant plus de quarante ans, sans qu'un désaccord l'ait jamais troublée, sans qu'un nuage l'ait obscurcie, quand je songe que cette amitié, il nous a été donné de la voir se continuer et revivre entre nos enfants et les enfants de nos enfants !

Mais non... rien ne peut consoler de l'éternelle séparation, et c'est le cœur brisé que je t'apporte les dernières paroles de tous ceux qui t'aimaient.

Adieu, Brissaud, adieu le plus cher des amis, et le meilleur!

PARIS. TYP. DE E. PLON, NOURRIT ET Cie, RUE GARANCIÈRE, 8.